Comienza un negocio de comida sin invertir

Carlos Rossi

Published by Perlectus Publishing, 2022.

INICIA UN NEGOCIO DE COMIDA SIN INVERTIR

Primera edición. 23 de agosto de 2022

Escrito por Carlos Rossi

Tabla de Contenido

Introducción

Ya sea que quieras emprender un negocio porque quieres independizarte, porque quieres aumentar tus ingresos, o simplemente porque no tienes o has perdido tu empleo, tomar firmemente la decisión y dar el primer paso siempre es lo más difícil.

Emprender un negocio siempre es intimidante. Lo sé. Sobre todo cuando no nos sobran los recursos económicos para comenzar a emprender. Ya que siempre existe ese miedo que nos dice una y otra vez que ese negocio podría no funcionar y que perderíamos toda nuestra inversión.

Pero, ¿qué pensarías si te dijera que existe un negocio muy rentable, de bajo riesgo, y que, además, es un negocio con gran flujo de clientes durante todo el año?

Pues lo creas o no, ese modelo de negocio existe. Y se trata del fascinante mundo de la gastronomía.

Todo se resume en esto. Las personas necesitan comer todos los días. Y no todo el mundo puede darse el lujo de cocinar; ya sea por su apretada agenda o porque simplemente no saben cómo hacerlo. Así que son muchas las personas que tienen que comprar comida todos los días. Y es por ello que hay clientes de sobra en ese rubro.

Y si además te dijera que puedes empezar un negocio de comida sin invertir prácticamente nada, ¿me lo creerías?

Pues eso fue justo lo que yo hice en 2020. Y a día de hoy, no solo mantengo ese negocio, sino que además tengo dos restaurantes más y un negocio adicional.

Todo comenzó por pura necesidad.

En 2020, durante la pandemia, me despidieron de mi trabajo después de haber sacrificado seis años de mi vida en esa compañía. Los confinamientos hicieron que aquella empresa tuviera que despedir a varios de sus trabajadores, entre ellos, yo. Y con una esposa y dos hijos que mantener, un carro que seguía pagando, y una hipoteca, sabía que si no encontraba algo lo antes posible, pronto estaría en la calle con mi familia.

La necesidad me hizo pensar que tal vez podría abrir un negocio de comida. Pero en ese momento no tenía suficiente dinero como para abrir formalmente un negocio. Además, en plena pandemia, abrir un nuevo negocio era prácticamente un suicido financiero.

Pero tenía que ganar dinero de una manera u otra. Y tenía que hacerlo rápido. Después de todo, nadie sabía cuánto durarían los confinamientos. Y tampoco sabía cuándo volvería a obtener un trabajo. Y después de haber sido despedido sin más, sabía que debía encontrar algo que me permitiera vivir sin depender de nadie más. Había aprendido una valiosa lección: todos somos prescindibles y en cualquier momento dejan de necesitarnos, así sin más.

Fue así que comencé mi negocio de comida... sin invertir prácticamente ni un solo centavo.

Suena muy bueno para ser cierto, ¿verdad? Pero créeme, es posible. Y en este libro te enseñaré cómo lo hice, para que tú mismo puedas comenzar tu propio negocio ya mismo y comenzar a vivir de ese negocio.

Después de leer este libro, si no emprendes es porque no quieres. Ya que iré «directo al grano», como se suele decir. No perderé el tiempo con exceso de texto solo para llenar un libro. De hecho, este libro será corto y muy económico para que puedas comenzar a emprender cuanto antes.

Te daré todos los pasos y trucos que debes saber para comenzar tu negocio de comida sin tener que invertir en un local, mobiliario, ni costosos equipos de cocina profesionales. Podrás empezar con las cosas que ya tienes en tu casa. Y en un futuro, quién sabe, quizá hasta decidas emprender en un pequeño o no tan pequeño restaurante, tan pronto te des cuenta de que este negocio sí deja dinero.

Espero que este libro te ayude a dar el primer paso y que muy pronto comiences tu propio negocio.

Y como ya te dije antes. Si al finalizar este libro no emprendes en tu propio negocio de comida, es porque no quieres.

Ganándole al sistema

Vamos «directo al grano». ¿Cómo empiezo mi negocio de comida sin invertir?

Primero lo primero. Abrir un negocio requiere de cierta burocracia. Hay que tramitar una serie de permisos, los cuales dependerán del lugar en el que vivas. También hay que informar sobre nuestra actividad a la agencia tributaria, sea cual sea el nombre que reciba en tu país. Y esto es muy importante, y te explico por qué.

Pero antes me gustaría decirte que es posible saltarnos la primera parte, ya que muchos de los permisos que necesitas sacar para tu negocio, es posible que no apliquen en tu caso —aunque dependiendo del lugar en el que vivas, te recomendaría hacer tu propia investigación al respecto— debido a que al no arrendar un local, es posible que no los necesitemos. Y con esto ya nos estamos ahorrando un montón de trámites y dinero.

En el caso de informar a hacienda, eso sí será necesario. ¿Por qué? Bien, sin importar dónde vivas, es posible que la agencia tributaria de tu país sea muy pesada con el tema de los impuestos. Y ya que nos quieren sacar hasta el último centavo, pues nosotros también podemos jugar con sus propias reglas.

Al tener un negocio vendiendo comida, puedes deducir todos los gastos relacionados con ese negocio, sin importar si rentas un local o utilizas la cocina de tu propia casa. Eso significa que puedes deducir todos y cada uno de los ingredientes alimenticios que compras, productos de limpieza, y cualquier otro gasto que pudieras relacionar con ese «pequeño emprendimiento». Te recomiendo que consultes con un contador. Te sorprenderás al ver cuánto puedes ahorrarte en impuestos al deducir tus «gastos empresariales». Y además, no tendrás el pendiente de que

4

hacienda te esté vigilando, sino que estaríamos jugando con sus propias reglas. Pero en este caso, tomando cierta ventaja a nuestro favor.

Y al deducir el costo de los ingredientes, ¿qué pasaría si «justamente» sobraran dos, tres, cuatro, o cinco platillos que no pudiéramos vender todos los días? No sé, «curiosamente» el número de platillos correspondientes con el número de personas en tu familia. No es que te esté dando ideas —¿o sí?—, solo planteo la posibilidad.

Por ley, esos platillos no podrían venderse otro día, eso violaría las normas de salubridad. Así que esos platillos sobrantes tendrían que ir a la basura... aunque ninguna ley te impide aprovecharlos y comerlos junto con tu familia. Después de todo, son «sobrantes» que no se pudieron vender. Y sin importar que esos platillos sean arrojados a la basura o aprovechados, ya habrás deducido el costo de esos ingredientes.

Esto lo aprendí después de haber convivido con muchas familias chinas que tienen un restaurante. Pues una vez que finaliza el día, las familias chinas no suelen cocinar la cena, sino que suelen comer aquella comida sobrante que no se pudo vender ese día. De esa manera ahorran mucho dinero en su propia comida. Después de todo, se trata de comida fresca, preparada el mismo día; y que, de otra manera, terminaría en la basura. Y así, no solo se ahorran dinero en su propia comida, sino que además, se ahorran aún más dinero en impuestos.

Nadie quiere pagar impuestos. Esa es una realidad. Pero tenemos que hacerlo. De lo contrario, las penas por no hacerlo pueden ser bastante graves.

Pero podemos tomar ventaja de esa imposición del estado, jugando con sus propias reglas; utilizándolas en su contra, siempre de manera legal.

Además, las grandes empresas suelen hacer algo bastante parecido. Por eso se ahorran mucho dinero en impuestos. ¿Por qué no hacer lo mismo?

Comienza con lo que tienes

Antes de comenzar nuestro negocio, debemos poner los pies en la tierra y mentalizarnos. Un restaurante —sea de lujo o no— requiere de cierta inversión que en estos momentos quizá no te puedas permitir. Por lo que estarías comenzando con un pequeño negocio que, sin embargo, te facilitará obtener los ingresos necesarios para que, si así lo deseas, puedas abrir en el futuro cercano un negocio más grande.

Yo, por ejemplo, comencé con un pequeño negocio como el que voy a enseñarte a montar; sin inversión, por supuesto. Pues durante la pandemia tuve que exprimir hasta el último centavo que tenía. Pero debido a que ese negocio rindió sus frutos, ahora no solo mantengo ese negocio como una fuente de ingresos adicional, sino que también poseo dos restaurantes que me generan todavía más ingresos, además de otro emprendimiento los fines de semana junto con mi familia. Luego te enterarás de qué se trata.

El truco es comenzar a ganar dinero, ahorrar lo más que se pueda, e invertir en otros negocios.

Créeme, cuando comienzas a ver que el negocio de la comida deja dinero, no querrás hacer otra cosa que expandir tus horizontes.

Pero de momento, comenzarás con un negocio pequeño, sin que eso suponga una fuerte inversión. De hecho, no tendrás que invertir más que en insumos. Y por ello no te preocupes. Más adelante te enseñaré como hacer para que incluso esa «inversión» necesaria no se convierta en un riesgo.

Como comenzarás con un negocio pequeño, no necesitarás invertir en mobiliario ni utensilios profesionales. Eso solo será necesario cuando decidas emprender en un restaurante. Por lo pronto, si ya cuentas con una estufa, un refrigerador, sartenes, ollas, y demás utensilios necesarios para cocinar, ya tienes lo necesario para comenzar.

Eso sí, quisiera aclarar que necesitarás al menos cuatro tablas para picar. Una para carnes crudas, otra para pescados y mariscos, una para pollo, y una más para frutas y verduras; así como una más para cortar carnes cocidas. En los restaurantes incluso utilizamos un código de colores: rojo para carnes crudas, amarillo para pollo, azul para pescados y mariscos, verde para frutas y verduras, y marrón para carnes cocidas. En plástico, pues no se usan tablas de madera en un restaurante por higiene.

Esto se hace así para evitar la contaminación cruzada. Y es que aunque cocinarás desde tu casa al principio —y quizá pienses que estarás un tiempo por debajo el «radar» del departamento de salubridad— no querrás que tus clientes enfermen después de probar tu comida, ¿verdad?

Eso sería fatal. Ya que esa mala experiencia se esparcirá entre la gente como la pólvora. Y es posible que ya nadie te vuelva a comprar.

Y basta con un solo enfermo para arruinar tu negocio.

Así que comienza con lo que ya tienes. Haciendo comida barata y rendidora que puedas vender desde tu casa.

En los siguientes capítulos te daré consejos sobre cómo vender la comida que preparaste, incluso antes de que la prepares, asegurando así la venta. Y no, no me refiero a ir «mendigando» ventas entre tus vecinos.

No solo te daré consejos sobre cómo vender más y mejor, sino que también te daré consejos sobre el tipo de comida que más se vende y así sabrás qué tipo de negocio te conviene operar.

Hay muchas posibilidades en el mundo gastronómico. Y por eso es una industria que mueve mucho dinero a nivel mundial. Ya te iré aconsejando.

Aunque debo decirte que este no es un recetario. Lo aviso desde ya. Así que si no sabes cocinar o crees que la comida que preparas no será del agrado de tus clientes, hay muchas recetas, videos y tutoriales en internet que podrán enseñarte a hacer platillos deliciosos que tus clientes amarán.

Sin embargo, antes de continuar permíteme darte un último consejo. No intentes vender un platillo que jamás has preparado. El sabor podría no ser el mejor. Y por lo general, la primera vez que preparamos algo solemos tardar más tiempo y el resultado casi nunca es el mejor.

Así que es mejor que selecciones aquellos platillos que sabes que preparas bien. Y si quieres experimentar con algo nuevo, primero prepáralo para tu familia. Si deciden que es delicioso, económico y rendidor, pues adelante. Acabas de descubrir oro en la mina.

Tu modelo de negocio

L o ideal en esta primera etapa como empresario gastronómico, es maximizar tus ingresos y aumentar tu flujo de caja. Esto significa invertir poco en insumos y ganar lo máximo posible con tus ventas.

No se trata de inflar los precios. Porque sin importar el tipo de comida que ofrezcas, no eres un restaurante. Así que te conviene tener precios competitivos con los cuales tus clientes se sientan atraídos.

Supongamos que ofreces comida francesa —algo que no te recomiendo con este tipo de negocio— y que debido al tipo de comida que ofreces, crees que está bien inflar los precios. Después de todo, en tu mente, al tratarse de comida «elegante» supones que las personas estarán dispuestas a pagar más. Pues bien, tus clientes buscarán siempre una mejor opción. Y esa mejor opción será una más económica.

Un restaurante elegante puede darse el lujo de cobrar precios altos porque no está cobrando únicamente la comida, sino por la atención y la «experiencia» que el comensal se lleva durante su estancia en ese restaurante. El cliente paga no solo por la comida, sino por pasar su tiempo en la atmósfera de ese restaurante.

Así pues, debes saber cuál es tu modelo de negocio en este momento y hacia quiénes va dirigido.

En tu caso, al estar comenzando, al no tener un local comercial, y al apuntar a satisfacer una necesidad —comer— más que a un lujo, debes saber que tu modelo de negocio será ofrecer comidas preparadas. Y que dicho negocio iría dirigido a trabajadores y amas de casa principalmente.

Tu negocio consistirá en un menú de uno, dos, y hasta un máximo de tres opciones diferentes cada día. Nunca más de tres. Y lo mejor sería mantener solo dos opciones en el menú.

La razón, cuantas más opciones ofrezcas, más complicado será para los clientes decidir qué comprar. Y si no pueden tomar una decisión rápida, corres el riesgo de que no compren nada.

Además, cuantas más opciones ofrezcas, más trabajo y gastos tendrás. Y en este momento, en el que posiblemente estarás tú solo, te conviene hacerte las cosas fáciles.

Dichas opciones en tu menú deben ser lo suficientemente económicas para ti como para ganar dinero. Pero también deberían ser lo suficientemente económicas para que tus comensales puedan tener la capacidad de comprar, si no todos los días, quizá al menos un par de veces a la semana como mínimo.

Más adelante entraré en detalles sobre quiénes deberían ser tus clientes ideales, aquellos que por sus apretadas agendas tendrán que comprar comida todos los días. Y si tu producto es económico y de calidad, ten por seguro que te comprarán al menos durante toda la semana laboral.

En resumen, mentaliza que deberás preparar al menos dos platillos diarios, con sus respectivos complementos. El arroz, la pasta y las verduras al vapor o salteadas suelen ser excelentes complementos debido a que son rendidores y muy económicos.

Promocionando tu negocio gratis

Hoy en día la forma de publicidad más exitosa está en internet. Y si bien empresas como Google y Facebook ofrecen planes publicitarios a muy bajo costo. En mi experiencia, dicho gasto publicitario no suele traducirse en ventas. De hecho, te recomiendo encarecidamente alejarte de ese tipo de publicidad... al menos de momento.

Pero a diferencia de la publicidad tradicional como la televisión, la radio, o la publicidad impresa, no tienes que pagar para promocionarte en internet.

Las redes sociales pueden convertirse en una excelente herramienta publicitaria. Y no solo eso, sino que además pueden convertirse en una plataforma de ventas directas.

Prepárate, porque este es quizá el capítulo más extenso de este libro. Pero no te preocupes, no me explayaré con historias inútiles, sino que te explicaré cada una de las herramientas que puedes usar para promocionar tu negocio, obtener clientes, y maximizar tus ventas.

Este capítulo es quizá el que haga que el valor de este libro se pague solo.

REDES SOCIALES COMO herramienta de marketing

Las redes sociales son el veneno de nuestra sociedad, la adicción moderna. Bueno, eso dicen muchos expertos en salud mental. Y lo dicen porque las personas suelen pasar gran parte del día en las redes sociales sin hacer nada productivo. Y eso es algo que puedes aprovechar para promover tus ventas.

Las redes sociales más visitadas hoy por hoy son Facebook, Twitter, Instagram, y TikTok. Y puedes hacer uso de cada una de ellas para promocionar tus platillos.

Cuando mi esposa me sugirió utilizar Facebook para promocionar nuestro negocio, pensé que no funcionaría. Pero como no teníamos dinero para pagar publicidad, supuse que no teníamos nada que perder.

El error en el que estaba. Si supieras que Facebook se convirtió en nuestro principal portal de pedidos. Y es que ahí publicábamos el menú de la semana, y las personas podían pedir sus órdenes con al menos un día de anticipación por dicha red social.

Mi hijo mayor comenzó a publicar fotos de los platillos en Instagram, dejando los datos de contacto, la zona de entrega y los días en los que dichos platillos estarían disponibles. Eso también ayudó bastante, aunque ayudó mucho más para dos negocios paralelos que abrimos unos meses después, en los que ofrecíamos variedades de donas y alitas de pollo los fines de semana; negocios en los que hoy en día ya no estoy involucrado, sino que son mi esposa y mis hijos quienes mantienen esos negocios, pues prácticamente son suyos ahora.

Twitter y TikTok, al menos en nuestra experiencia, no suelen ser muy útiles para las ventas. Puedes intentar con ellos. Nosotros no tuvimos mucha suerte con ellos, pero quizá tu caso sea diferente. En cualquier caso, Mi recomendación sería hacerte con una página de Facebook para promocionar tu negocio, en el que especifiques tu menú semanal, así como los precios.

Te recomiendo también que el menú sea variado. No ofrezcas las mismas opciones todos los días, sino que cada día deberías ofrecer una opción diferente. Las personas no suelen comer lo mismo todos los días. Así que es mejor variar.

Recuerda que tu público objetivo son las personas que trabajan y tienen que comprar comida. Y que hay muchas opciones además de ti.

En el caso de Instagram, te convendría hacer una cuenta para tu negocio, en el que anuncies no solo tus platillos, sino también las promociones que tendrás. De esta manera, podrás crear expectativa entre tus clientes. Y esa es una buena manera de hacer ventas incluso antes de comenzar a preparar tus platillos.

Por otro lado, no sé si realmente considerar WhatsApp como una red social. Yo más bien la considero una herramienta de comunicación más que una red social. Pero eso aquí no es lo importante. Lo importante es que puedes utilizarlo para crear un grupo de WhatsApp con tus clientes frecuentes. Y en dicho grupo podrás subir tu menú para que tus clientes puedan realizar sus pedidos por esa vía con incluso un día de anticipación. Eso sí. Limítate a publicar únicamente tu menú y tus promociones. No seas muy frecuente en tus publicaciones. De otro modo, los clientes de ese grupo se saldrán para que no los molesten más tus notificaciones.

Lo importante es publicitar tu negocio de manera gratuita, asegurando tus ventas incluso antes de comprar los ingredientes para preparar tus platillos. De esta manera, esa pequeña inversión que harás no correrá ningún riesgo, pues al haber sido ya pedidos, ya habrás asegurado dichas ventas.

Estas herramientas te serán de gran ayuda entre tus círculos sociales, así como entre tus clientes más frecuentes, sin embargo, existen otras técnicas mucho más exitosas de las cuales podrías echar mano si realmente quieres crecer y no te importa compartir una pequeña parte de tu éxito.

TUS PROPIOS AGENTES de ventas

Los músicos, los actores, y los deportistas de élite rara vez buscan sus propios proyectos. De hecho, nunca lo hacen. En su lugar, tienen agentes que buscan los contratos por ellos. Y estos agentes, a su vez, suelen recibir un porcentaje del pago que recibirán sus clientes como comisión.

Este porcentaje suele ir desde un diez a un veinticinco por ciento del pago que recibe el artista o el deportista. Es un ganar-ganar. Así, el talento puede enfocarse en su profesión, mientras que el agente se esmera en buscar más y más trabajo para sus clientes. Después de todo, cuanto más dinero hace el talento, más dinero se lleva el agente.

Sé que en estos momentos estás pensando que tú no eres ni un artista ni un deportista de élite. Y que un agente es solo para aquellos que hacen millones de dólares.

Pues no. Es cierto que ningún agente profesional decidirá promocionar tus servicios por poco dinero. Pero, ¿qué hay de convertir a tus amistades en agentes potenciales?

¿No entiendes nada de lo que estoy diciendo? ¿Crees que todo esto es una broma y que se me han zafado algunos tornillos?

Nada de eso. Déjame que te explique. Y al final comprenderás que esta estrategia de promoción es tan poderosa que es increíble cómo es que prácticamente nadie la usa. Es una herramienta de promoción y ventas tan poderosa, que sin que tú mismo muevas un solo dedo, harás que tus ventas se disparen. Y es que no serás tú quien promocionará tu negocio, sino que serán otras personas las que lo harán por ti.

Por cierto, esta estrategia te servirá para cualquier otro tipo de negocio que ya tengas o en el que quieras emprender, incluso si vendes tus servicios como autónomo.

Para explicarte cómo funciona esta técnica, déjame que te pregunte algo. Si te dijera que necesito que me ayudes a vender más platillos de los que estoy vendiendo, persuadiendo a tus amigos y familiares a que compren mis platillos, ¿lo harías? Y más específicamente, ¿pondrías todo tu empreño en convencer a tus conocidos para que adquieran aquellos productos que estoy vendiendo?

No le des vueltas a tus respuestas, sé honesto. Y si eres lo suficientemente honesto, tu respuesta será que no.

En primer lugar, ¿por qué perderías tu tiempo hablando con tus conocidos al respecto? E incluso si trataras de ayudarme, ¿por qué pondrías todo tu empeño en ello? ¿Qué ganas tú? ¿Cuál es tu incentivo? ¿Qué te impulsa a ayudarme? Después de todo, yo ganaría más dinero, mientras que tú solo observas cómo hago dinero a costa tuya.

Pero detente por un momento a pensar qué pasaría si te dijera que por cada platillo que TÚ vendas, yo te daré una comisión. Digamos que te ofrezco un quince, veinte, o hasta un veinticinco por ciento de cada platillo que me ayudes a vender.

Y si además, sacando las cuentas, te demuestro con ayuda de una calculadora cuánto dinero podrías ganar diario únicamente por conseguirme esas ventas, sin que tú tengas que hacer realmente un esfuerzo, ahora sí, ¿me ayudarías?

Creo que la respuesta es obvia. Después de todo, quien está invirtiendo soy yo. Quien está trabajando soy yo. Quien hará prácticamente todo soy yo. Y tú solo te limitarás a esparcir la voz y llevarte algo de ese dinero. Un dinero bastante fácil, por cierto.

Si le pides a la gente que te ayude, incluso si son personas muy allegadas a ti y que te aprecian, no se tomarán la tarea de promocionar tu negocio. Ya que, como dije antes, ellos no ganan nada. Pero si les planteas la posibilidad de llevarse parte de las ganancias de cada platillo que ellos te ayuden a vender, estarán más que dispuestos a ayudarte. Después de todo, no lo harán de manera altruista, sino desde un punto de vista egoísta.

Y por muy desagradable que parezca, las personas siempre verán por sí mismas, nunca por los demás. Así que te conviene hacerles creer que ellos están ganando y no tú.

Antes de explicarte cómo hice que esta estrategia sea más efectiva para que tu carga de trabajo sea menor —al menos desde el punto administrativo— quiero aclarar que si bien esta estrategia resulta ser muy efectiva para disparar tus ventas, no te recomiendo que la hagas desde un principio.

Si nunca antes has emprendido en un negocio de comida, realmente no conoces tu capacidad de producción. Puedes hacerte una idea de cuánto tiempo te llevará hacer esto y aquello, pero hasta que lo hagas, realmente no conoces tus capacidades y tus limitaciones. Y aunque parezca que es lo mismo, no es lo mismo hacer la comida para una familia que preparar grandes cantidades para venta.

Te conviene comenzar de a poco. Así podrás calcular mejor los ingredientes y los tiempos de preparación.

Por lo anterior, te recomiendo aplicar esta estrategia de ventas al menos dos meses después de haber comenzado tu negocio.

No intentes correr desde el primer día, podrías tropezar pronto. Es mejor ir paso a paso, pero seguro.

Una vez aclarado el punto anterior, te contaré cómo utilicé esta estrategia para aumentar mis ventas, haciendo que otros realicen dichas ventas.

Unos tres meses después de haber iniciado mi primer negocio de comida, llamé a una conocida que trabajaba en una empresa en la que trabajan muchas personas, desde obreros hasta personal de oficina. Para ese momento, algunas empresas ya habían reincorporado a gran parte de su plantilla laboral.

Le comenté el tipo de negocio que tenía. Le dije que estaba vendiendo platillos sanos, sabrosos, y a muy buen precio. Le expliqué cómo era el menú, el cual lo hacía con al menos una semana de anticipación —algo que también te recomiendo que hagas— le indiqué el precio que tenía cada platillo, y le planteé la posibilidad de ganar algo de dinero si me ayudaba a vender dichos platillos entre el personal de la empresa; por lo menos entre sus compañeros más cercanos.

Le ofrecí un diez por ciento por cada uno de los primeros diez platillos que me ayudara a vender. Y le planteé la posibilidad de ganar un quince por ciento si me ayudaba a vender entre once y quince platillos. Y así, hasta un máximo de veinte por ciento, si me ayudaba a vender al menos treinta platillos.

Ella aceptó, por supuesto. Después de todo, sabía que todo el personal dentro de la empresa tenía que salir a comer debido a que no había una cafetería dentro del edificio. Además, dado que dicha empresa se encontraba en una zona retirada de la ciudad, el personal tenía que conducir un par de kilómetros para comprar algo para comer.

Antes de proponerle dicho trato, le dije que yo mismo conduciría hasta allí para entregar cada uno de los platillos. El personal solo tendría que salir al estacionamiento para recibir y pagar su platillo.

La primera semana esperada vender al menos diez platillos. Nada de eso. Empecé vendiendo al menos dieciséis platillos. Y después de dos semanas, ya estaba vendiendo más de treinta platillos solo en esa empresa.

Aquella chica sabía que cuantos más platillos vendiera, mayor sería su comisión. Y un veinte por ciento de cada uno de esos platillos, aunque en principio parece poco, resulta en bastante dinero una vez sumas el total de lo acumulado. Así que no hace falta explicar por qué su esmero en vender cada vez más, al punto en el que tuve que contratar a una persona para que me ayudara, ya que mi familia y yo no nos dábamos abasto, incluso madrugando.

Esta chica hacía los pedidos y temprano por la mañana —generalmente antes de las diez— me indicaba cuántos platillos estaban confirmados. Yo siempre llevaba un par de platillos extra por si algún despistado no había ordenado antes del horario establecido.

Una vez que mi esposa vio el éxito que estábamos teniendo y que con el empleado que habíamos contratado teníamos tiempo de sobra, decidió llamar a una amiga suya que trabajaba en una oficina para ofrecerle un trato similar. Como te imaginarás, nuestra producción aumentó.

Sin embargo, como solo tengo un automóvil y tenía que hacerme cargo de las entregas en la primera empresa, cuyo personal solía comprar grandes cantidades de platillos, solicitamos ayuda de un vecino que cuenta con automóvil. Le ofrecimos pagarle por el transporte y la gasolina. Él no estaba haciendo nada durante la pandemia, así que aceptó. Mi hijo mayor se iba todos los días con mi vecino a entregar los platillos a la otra empresa. Y así pudimos aumentar todavía más nuestras ventas.

Pudimos hacerlo con una empresa más, pero al no contar con mucho personal ni vehículos de entrega, preferimos quedarnos como estábamos. Después de todo, ya estábamos haciendo mucho dinero en ese momento. Ya habría tiempo para crecer todavía más.

Como vez, si le ofreces a las personas parte de tus ganancias, no solo te ofrecerán su ayuda sin pensarlo dos veces, sino que lo harán de manera activa.

Mi vecino no nos hubiese ayudado si no le hubiésemos pagado. Y las personas que vendían nuestros productos por nosotros, definitivamente no hubiesen puesto su empeño en ello si no iban a ganar dinero por hacerlo. Es más, estoy seguro de que ni siquiera lo habrían intentado.

Es posible que pienses que perdí mucho dinero compartiendo mis ganancias de esa manera. Pero piénsalo por un momento. Yo no tendría la capacidad de vender todos esos platillos por mí mismo. Simplemente, no tendría tiempo, ya que si me pongo activamente a buscar clientes, no tendría el tiempo suficiente para comprar los ingredientes y cocinarlos para tener los platillos listos en un determinado momento del día. Así que esa ayuda era más que necesaria.

Además, es cierto que perdí el veinte por ciento de cada uno de los platillos que vendí. Pero detente a pensarlo tan solo por un segundo. ¿Qué preferirías? ¿Ganar el ochenta por ciento de cincuenta platillos o ganar el cien por ciento de menos de diez platillos vendidos por ti mismo?

Tómate el tiempo necesario para analizarlo. Incluso si ganara solo el setenta y cinco por ciento de cincuenta platillos —que era el promedio que ambas personas me ayudaban a vender todos los días— esa cantidad de dinero es muy superior a la cantidad de dinero que podría haber hecho vendiendo menos de diez platillos por mi propia cuenta.

Esas personas no solo corrieron la voz acerca de mi negocio, sino que activamente vendieron mis platillos. Fue como si, además de sus labores en sus respectivos empleos, hubieran hecho un trabajo de ventas para mí. Y en cierta medida, así fue. Así que tuve que pagarles como corresponde.

Y aunque a primera vista pareciera ser que perdí dinero en el proceso, lo cierto es que esas personas me ayudaron a ganar mucho dinero... incluso más dinero del que pensé ganar vendiendo comida.

USA ANZUELOS PARA AUMENTAR tus ventas

Las personas que gustan de la pesca saben que, para capturar un pez, hay que utilizar anzuelos para que el despistado pez caiga en la trampa.

Y de igual forma, puedes utilizar algunos «anzuelos» para aumentar tus ventas.

Se trata de promociones calculadas que harán que tus clientes, así como aquellas personas que te comprarán por primera vez, se vean tentados a realizar su compra.

Imagino que habrás visto que las salas de cine suelen tener un día a la semana en el que ofrecen sus productos al dos por uno. O quizá hayas visto que muchas cadenas de comida rápida ofrecen paquetes armados en los que te incluyen, además de la comida principal, papas fritas y refresco. Todo ello se trata de estrategias que las empresas suelen utilizar para aumentar sus ventas, haciendo que las personas se apresuren a tomar la decisión de compra para que no se lo piensen dos veces y se terminen yendo sin haber comprado algo.

Tú también puedes hacer uso de estrategias similares. Ya que dichas estrategias, si bien han sido planificadas por los respectivos departamentos de mercadotecnia de dichas empresas, no son exclusivas de las mismas.

Pero, ¿qué tipo de promociones o «anzuelos» puedes utilizar tú? Si aún no cuentas con un local comercial, sino que vendes tus platillos por tu cuenta, ¿cómo podrías realizar dichas promociones?

Muy sencillo. Puede que no tengas un local, aún. Pero si ya tienes clientes y estás anunciando tu negocio en redes sociales —por lo que muchas personas ya tienen conocimiento del mismo— puedes utilizar esas mismas herramientas de promoción para anunciar tus ofertas.

Te voy a compartir cuáles son aquellas estrategias que yo mismo utilicé en su momento y que, debido a que funcionan, las sigo utilizando hoy en día en todos los negocios de comida que tengo.

En primer lugar, ya mencioné antes que si consigues ayuda para que tus conocidos vendan por ti tus platillos en su lugar de trabajo o entre sus conocidos, es de suponer que varias de las personas a las que les vendes se conocen entre sí. O es posible —que suele pasar muy a menudo— que una familia tenga que comprarte por lo menos dos o tres platillos.

Es posible que esos clientes decidan no comprarte todos los días. Pero si les ofreces un incentivo para hacerlo, algo que la competencia no hará, es posible que prefieran comprarte a ti. Sobre todo si tu menú es variado y lo cambias todos los días.

Las personas siempre buscan la mejor opción. Y suelen optar por aquella opción en la que sienten que están ganando.

Y estas son las estrategias que siempre suelo usar en este tipo de negocios.

La primera de ellas es indicar que si te compran tres, cuatro, o cinco platillos—dependerá de ti, en mi caso suelen ser tres o cuatro como máximo— se llevarán gratis un refresco de dos litros, por ejemplo.

De esta manera, los clientes creen que están ahorrando dinero al comprarte cierta cantidad de platillos. Y si su intención era comprar dicha cantidad de platillos con otro vendedor, lo cierto es que tienen razón. Se están ahorrando el refresco que el otro vendedor no les regalará y que deberán comprar en otro lugar.

Y una vez más, es posible que pienses que estarás gastando dinero en refrescos regalados. Pero te lo vuelvo a explicar. Es mejor ganar el noventa por ciento de cinco platillos, que ganar el cien por ciento de nada.

Estarías regalando un refresco, es cierto. Pero también estarías vendiendo cinco platillos que de otra manera quizá no podrías vender.

Otra promoción que suelo utilizar es el dos por uno. Y sí, que hasta parece que te estoy escuchando decir que estarías perdiendo mucho dinero al regalar un platillo sin más.

Y aquí quiero ser muy preciso explicándote esto, porque hasta cierto punto, podrías tener razón. Sobre todo si no aplicas bien esta técnica.

El dos por uno solamente se aplica en aquellos días en los que las ventas son muy bajas. Y eso, al menos en mi experiencia, suelen ser los días martes y miércoles. Pero eso ya dependerá de tu propia experiencia. Por lo que te recomiendo que esperes lo más que puedas antes de aplicar este tipo de promociones.

Como te he explicado, para mí esos días suelen ser los martes y los miércoles. Pero quizá para ti suelan ser los lunes, o quizá los jueves.

Como dije antes, te convendría esperar un tiempo para aplicar esta promoción. Ya que este tipo de promociones específicas no suelen estar diseñadas para aumentar las ventas en sí, sino para estimular las ventas durante los días de ventas bajas.

Es por ello que las salas de cine suelen tener días de dos por uno los martes o miércoles, porque esos son los días en los que hay menos flujo de gente. Nunca verás una sala de cine que tenga una oferta similar durante los fines de semana, ya que esos días suelen ser los días en los que las salas de cines suelen hacer más dinero. Es decir, no les hace falta hacer que la gente quiera ir a ver una película para aprovechar una promoción.

Una cosa más antes de terminar con este tema. Si aplicas la promoción de dos por uno no deberías hacer válida ninguna otra promoción. Y te convendría indicar cada una de tus promociones con la leyenda «no válido con otras promociones».

Por ejemplo, yo suelo aplicar la promoción de dos por uno los días martes o miércoles, aunque también suelo tener esos días la promoción de un refresco de dos litros gratis en la compra de cuatro platillos, una promoción que mantengo toda la semana. Sin embargo, las promociones son claras: o es un dos por uno, o es un refresco gratis en la compra de cuatro platillos. No se aplican las dos promociones a la vez. De otra manera, las personas comprarían solo dos platillos y demandarían sus dos platillos adicionales y su refresco gratis. Y como podrás imaginar, eso no sería un buen negocio para mí.

TODOS LOS CONSEJOS de ventas y promoción que te acabo de dar te garantizan un éxito en tu negocio si las aplicas bien.

El mayor error de los emprendedores sin experiencia es pensar que por tener un negocio, las personas se acercarán a él a comprar una vez se enteran de que dicho negocio existe. Y nada más lejos de la realidad.

Tener un negocio, ya sea que tengas un local comercial, o como será tu caso en un principio, que sea ligeramente informal, no te garantiza ningún tipo de ventas. Ya que las ventas dependen en gran medida del trabajo que tú mismo hagas al momento de promocionar tu negocio, tus productos, y de persuadir a tus clientes a que te compren a ti y no a tu competencia.

Es por eso que la mayor parte de los negocios fracasan, porque tan pronto abren o empiezan a tener actividad, nadie les compra. Y no porque sus productos o servicios sean malos, sino porque los emprendedores, creyendo que un negocio les cambiará la vida solo porque sí, solo se dedican a abrir el negocio y esperan sentados las mieles de la vida.

Por eso decidí incluir un capítulo muy extenso al respecto. Porque quiero que este libro sea un antes y un después en tu vida como emprendedor gastronómico. Quiero que tengas éxito, y que compruebes por ti mismo que sí se puede ganar dinero haciendo y vendiendo comida. No quiero que termines como aquellos que apenas logran hacer unos cuantos centavos antes de renunciar, pensando que ese mundo simplemente no es para ellos.

Lee este capítulo cuantas veces creas que sea necesario. Analiza cada estrategia aquí presentada y decide cuál es la mejor para ti. Y si crees que puedes aplicar todas y cada una de ellas, pues adelante.

Sigamos, pues, que todavía tengo mucho que enseñarte para que no tires la toalla antes de tiempo.

Más saludable, más dinero

Como ya hemos dicho antes, lo ideal es que en tu menú diario ofrecieras al menos dos platillos, siendo tres la cantidad máxima. Sin embargo, te recomiendo encarecidamente que por lo menos al principio mantengas un menú con solo dos opciones.

Y si quieres una recomendación más, esta sería que al menos una de esas opciones sea un platillo más «saludable». Es decir, un platillo light.

Y quizá te preguntes por qué deberías tener una opción más saludable en tu menú. Y esto, por supuesto, dependerá en gran medida de tu clientela principal. Si la mayoría de tus clientes son hombres, esta no será quizá la mejor opción. Pero si gran parte de tu clientela son mujeres, entonces sí que puedes aprovechar esta ventaja.

Y quizá en este momento te estés preguntando por qué es una ventaja ofrecer una opción más saludable. Y la respuesta es muy simple.

La comida «sana» suele ser abundante en vegetales. Y no me refiero a las ensaladas. De hecho, no te recomendaría vender ensaladas, puesto que se oxidan con gran facilidad y al momento de la entrega, más que un platillo saludable, parecerán las sobras del día anterior. Definitivamente, te recomendaría mantenerte lejos de las ensaladas, a menos que se trate de un restaurante en el que las puedas servir frescas.

Hay muchos platillos que, a pesar de llevar alguna proteína como pollo, cerdo, o pescado, suelen ser abundantes en vegetales.

Como he mencionado antes, si no tienes experiencia en este tipo de platillos, hay cientos de recetas en internet.

Un ejemplo de ello son los salteados de pollo con vegetales, las fajitas de pollo, el pollo almendrado chino, el salteado de calabacín con pollo, las sopas de pollo con verduras, y muchas otras recetas en el que los principales protagonistas son los vegetales.

Todos esos platillos serán muy atractivos para aquellas personas que, a pesar de tener que comprar comida todos los días, quieren optar siempre por las opciones más saludables.

Y ¿por qué es bueno eso para ti? Bueno, los vegetales son mucho más baratos que las proteínas. Y si bien hay ciertas proteínas relativamente económicas, como el pollo y el cerdo, lo cierto es que los vegetales suelen ser mucho más económicos.

¿Por qué crees que los chinos que abren un restaurante de comida rápida china suelen tener éxito bastante pronto? Si te das cuenta, sus platillos suelen ser abundantes en vegetales. De hecho, si te detienes a observar, suelen ser más abundantes en vegetales que en proteínas; además de otro truco que te enseñaré más adelante.

De esta manera, ellos ahorran mucho dinero en la preparación de sus platillos, al mismo tiempo que ganan mucho más dinero vendiendo así sus platillos que agregando únicamente proteínas.

Al momento de pensar qué tipo de platillos piensas vender, debes tener en cuenta tus gastos y el precio de tus platillos. Así que te conviene, por un lado, hacer platillos sabrosos que gusten a tus clientes y los hagan querer comprarte más comida en el futuro, pero, por otro lado, te conviene también abaratar tus costos de producción. De esta manera estarías ganando más dinero sin encarecer tus productos.

Además, al ofrecer al menos una opción más light, tus clientes te verán como una opción saludable frente a la comida rápida y nada saludable que abunda en las calles.

Como vez, son todo ventajas al momento de ofrecer opciones saludables dentro de tu menú. Después de todo, estamos viviendo una época en la que muchas personas se preocupan cada vez más por su salud, por lo que preferirán siempre una opción más saludable. Y si tú puedes ofrecerles esa opción saludable, mientras que los demás no, entonces es posible que prefieran comprarte a ti antes de irse con la competencia.

Cómo establecer tus precios

Una de las cosas más difíciles a la hora de emprender un negocio es saber cuánto vamos a cobrar por nuestros productos. Esta es una decisión crucial, pues de esto dependerá en gran medida el éxito o el fracaso de tu emprendimiento.

Un precio muy elevado —sobre todo con el modelo de negocio con el que vas a comenzar— alejará a cualquier cliente potencial. Al mismo tiempo, un precio muy bajo te dejará un margen de ganancias bastante escaso que no compensará todo el tiempo invertido. De hecho, un precio bastante bajo podría hacerte perder mucho dinero si no calculaste bien tus gastos de producción desde un principio.

Cuando operamos un restaurante hay muchos gastos adicionales a tener en cuenta, lo que dificulta aún más la tarea de determinar nuestros precios.

Los gastos que suponen nuestros empleados, la renta y el mantenimiento del local, los costos del gas y la electricidad, entre otros gastos, son números muy importantes a tener en cuenta al establecer los precios de nuestro menú.

Es por ello que los precios en los restaurantes parecen estar muy inflados. Porque no solo estás pagando por la comida, sino que además estás pagando por todos esos gastos necesarios para el funcionamiento de ese restaurante. Y todo eso termina facturado en la cuenta del cliente.

Sin embargo, recuerda que en estos momentos no estás operando un restaurante, sino que estás probando suerte en el mundo de los negocios gastronómicos, por así decirlo. Estarás haciendo dinero vendiendo tus primeros platillos, es cierto. Pero no tendrás un restaurante... al menos no de momento.

Por lo tanto, al establecer tus precios deberás de tener en cuenta tus costos de producción. Esto es el precio de tus insumos y lo que te cuesta transportarte para adquirir esos insumos. Además, recuerda calcular un adicional sobre el precio de la electricidad y el gas. Aunque como cocinarás en tu casa y solo te limitarás a preparar dos tipos de comida, ese gasto no estará nada cerca de lo que se consume en un restaurante.

Y una vez calculado todo esto, aumenta tu ganancia. No te excedas. Recuerda que un precio muy alto alejará a tus clientes.

Siempre ten presente que TÚ no eres un restaurante. Y no puedes cobrar como tal.

Y sí. Ya sé que las matemáticas son complicadas para cualquiera. Pero te dejo un consejo para simplificar tus cuentas y de paso, calcular aún más tus posibles ganancias.

Trabajar con decimales es una pesadilla para cualquiera, así que será mejor redondear los números. Eso sí, siempre hacia el número siguiente.

Así estaremos sobreestimando ligeramente nuestros gastos, es cierto, pero como calcularemos con base en esos números redondeados, será mucho más fácil realizar el cálculo para obtener nuestros costos totales. Y con base en esos cálculos, estableceremos el precio de nuestros platillos.

Lo mejor será que, como hemos redondeado siempre hacia el siguiente número entero —o decimal, si utilizas una moneda como el dólar o el euro— y por ende habremos sobreestimado ligeramente nuestros costos, el precio que establezcamos una vez agregado nuestro margen de ganancia será, al final, ligeramente mayor de lo que pensamos.

En otras palabras, sin darnos cuenta de ello, estaremos ganando un poco más dinero del que pensamos.

Una cosa más a tener en cuenta con el precio final de nuestros platillos, será el costo al que los ofrece nuestra competencia.

No serás el único que venda comida en tu ciudad, verdad. Así que te conviene hacer una pequeña investigación antes de establecer tus precios e igualarlos a los de tu competencia. O incluso, si es posible, ofrecer tus platillos a un precio todavía más atractivo. Aunque si tus platillos sobresalen en calidad y sabor, quizá puedas ofrecerlos a un precio ligeramente más costos.

Si los cálculos y los presupuestos no son lo tuyo, te dejo una estrategia administrativa todavía más sencilla.

Una vez que conozcas los precios de tu competencia, establece cuál crees que deba ser el precio de tus platillos. Y una vez que establezcas cuál será ese precio, determina tu margen de ganancias bajo esta sencilla fórmula: **Precio final por platillo - tu ganancia por platillo= precio de producción por platillo.**

Ahora, una vez determinado tu precio de producción, establece ahora tu precio de producción total. Para ello utiliza la siguiente fórmula: **Precio de producción por platillo X número de platillos = precio de producción.**

Y una vez que hayas determinado tu precio de producción, intenta preparar recetas que se ajusten a ese monto, procurando siempre mantenerte por debajo de ese presupuesto.

Esta última forma de determinar tus precios y tus presupuestos es todavía más fácil y sencilla de implementar. Ya que si lo comparamos con la primera forma de calcular tus precios, te ahorrará mucho tiempo al momento de realizar el cálculo de tus presupuestos. Además, como de antemano ya has investigado cuáles son los costos de tu competencia y has decidido ofrecer precios todavía más competitivos, eso ya es una ventaja para ti.

En estos tiempos de crisis económica, son muchas las personas, sobre todo los oficinistas asalariados y las amas de casa —quienes deberían ser tus principales clientes— las que buscan ahorrar lo más que puedan a fin de que su dinero les rinda cada vez más.

Toma ventaja de ello. Las personas verdaderamente exitosas son aquellas que en tiempos de crisis aprovechan las debilidades del mercado y las convierten en sus fortalezas.

Y si las personas buscan ahorrar algo de dinero, incluso si se trata de unos cuantos centavos, la diferencia será abismal para ellos.

Y nunca debes dudar al momento de aprovechar esas oportunidades.

Consejos adicionales

Con lo que has aprendido acerca de cómo promocionarte, cómo hacer que los demás vendan por ti, y cómo establecer tus precios de manera más eficiente, ya tienes todo lo necesario para comenzar con tu negocio de comida.

Sin embargo, si he llegado hasta donde estoy ahora —con mi primer negocio como muestra de éxito— es porque yo también recibí algunos consejos antes de comenzar.

De hecho, esos consejos los recibí mucho antes de siquiera plantearme seriamente la posibilidad de emprender en el mundo de los negocios culinarios.

Tengo amigos que tienen sus propios negocios de comida. A algunos les ha ido mejor que a otros. Pero todos ellos han sacado sus negocios adelante... y con bastante éxito, debo decir.

Algunos de los consejos que me han dado ya los he abordado en las páginas anteriores. Pero hay algunos más que parecen insignificantes al principio, pero que, sin lugar a dudas, son de gran ayuda al momento de ayudarnos a maximizar los resultados de nuestro negocio.

Se trata de consejos que por sí mismos no son lo suficientemente complejos como para abarcar todo un capítulo dentro de este libro. Más bien se trata de consejos casuales que he tomado de varios amigos y conocidos que han aplicado dichos consejos con éxito.

Yo mismo he hecho uso de esos consejos en cada uno de mis negocios. Y ciertamente creo que esos consejos han contribuido más a mis negocios de lo que pensaba en un principio.

EL PRIMER CONSEJO QUE voy a darte no vino de una sola persona, sino de varias.

Verás, conozco a muchos dueños de restaurantes chinos. No se trata de esos restaurantes lujosos con temática china, sino de aquellos pequeños restaurantes de comida rápida china. Ya sabes, aquellos restaurantes en los que la comida no se ordena de un menú, sino que ya está preparada y tú solo seleccionas que platillos vas a querer.

Dichos dueños, por cierto, son todos chinos. Y esto te lo comento porque si vas a uno de estos restaurantes cuyos dueños son igualmente chinos, sin importar en dónde te encuentres, siempre suelen hacer lo mismo.

Verás, a diferencia de sus competidores locales, los restaurantes chinos suelen impresionar a primera vista a los comensales. Ya que a diferencia del resto de negocios de comida rápida —y esto es más evidente dentro de las plazas comerciales— los platos de comida china parecieran ser mucho más abundantes, aun cuando suelen ser mucho más económicos de lo que uno esperaría.

Y la primera vez que compramos en este tipo de negocios de comida china, no podemos dejar de preguntarnos a nosotros mismos, ¿cómo es posible que esto sea tan barato y esté tan lleno?

Y por si eso fuera poco, hay otra cosa más desconcertante aún, o al menos así es para muchos.

Y es que resulta que una vez que comenzamos a comer, nos damos cuenta de que a diferencia de otras cadenas similares de comida, en la comida china las piezas suelen ser mucho más grandes.

Las verduras están cortadas de tal manera que son mucho más grandes. Y lo mismo ocurre con los trozos de carne. No son piezas pequeñas, son piezas relativamente grandes. Y aunque todo esto parezca ser contra intuitivo, lo cierto es que está hecho así a propósito.

Y es aquí en donde se encuentra el primer consejo que te voy a dar.

La mayoría de las personas seguro que pensarán en cortar la carne y los vegetales en trozos muy pequeños, pensando que así estarán ahorrando dinero en ingredientes. Y es que, a primera vista, pareciera tener sentido. Después de todo, cortas pequeño, sirves pequeño, ¿no es así?

Pues aunque no lo creas, no. No es así. Y sí, yo también estuve confundido la primera vez que me dieron este consejo. Pero como dije antes, no fue solo una, sino varias las personas que me dieron el mismo consejo. Y cuanto más me lo explicaban, más sentido tenía.

Te explico cómo funciona todo esto. Cuando cortas las verduras y la carne en trozos muy pequeños, sin querer estarás sirviendo más comida de la necesaria. Cuanto más pequeños los bocados, más pequeña se verá la porción. Y eso hará que tus clientes piensen que los estás estafando.

Pero cuando cortas las piezas de verdura y carne un poco más grandes, al momento de servirla estarás sirviendo incluso menos comida. Porque las piezas grandes ocuparán más espacio dentro del contenedor. Pero no solo eso, sino que las piezas grandes crearán espacios vacíos dentro del contenedor en el que sirvas la comida.

Estos «espacios» no serán perceptibles a simple vista, pero comparando el peso con una báscula, estarías sirviendo más comida si cortas las piezas muy pequeñas en lugar de cortarlas más grandes.

Por eso es que en los restaurantes de comida rápida china suelen cortar los bocados bastante grandes. Porque de esa manera están sirviendo menos comida y haciendo que parezca mucho más grande la porción de lo que es en realidad.

Pero no solo se trata de cortar las piezas más grande, sino de darle la forma adecuada para que esto funcione.

La carne, que generalmente suele ser algún tipo de filete, es cortada en cuadros en lugar de tiras finas; de manera que así ocupe más espacios.

Los vegetales cilíndricos, como las zanahorias, suelen ser cortados en diagonal. Así serán mucho más grandes y ocuparán más espacio.

Los vegetales como los pimientos y las cebollas también suelen ser cortados en cuadros en lugar de tiras. Y no suelen ser cocinados por mucho tiempo, de tal manera que se mantengan firmes y así ocupen mucho más espacio mientras crean la ilusión de una porción bastante abundante.

Y además —y esto es algo que ya expliqué en capítulos anteriores— los chinos suelen utilizar en sus preparaciones una gran cantidad de vegetales en comparación con las proteínas.

Una vez conociendo estos secretos, no es de extrañar que la mayoría de chinos suelan tener bastante éxito con este tipo de restaurantes. Ya que si lo piensas, no suelen tardar demasiado en tener un negocio próspero desde que llegan a un nuevo lugar. Un lugar en el que, por cierto, no conocen a nadie y que, además, es un lugar completamente extraño para ellos.

Pero una de las razones de su éxito es que suelen calcular prácticamente cada una de sus acciones. Y de este modo, pueden hacer más dinero.

AHORA TE VOY A DAR otro consejo que igualmente aprendí de algunos conocidos chinos. Y es que puede que pienses que lo tuyo no será un negocio porque comenzarás desde tu propia casa.

Pero lo creas o no, muchos chinos lo hacen así.

Verás, los restaurantes de comida rápida china entran en una de dos categorías: los que están dentro de plazas comerciales, o los que te puedes encontrar a pie de calle.

Por razones bastante obvias, esto no aplica en los primeros. Pero aquellos restaurantes de comida rápida china que puedes encontrar en la calle suelen albergar ahí mismo a las familias propietarias.

Se trata en realidad de una casa que ha sido adaptada para funcionar como restaurante. O quizá se trate de un local comercial que ha sido adaptado como semi vivienda.

Tal vez no lo creas, pero muchos chinos —sobre todo los recién llegados a un nuevo país— suelen vivir en sus restaurantes. Como dije antes, ya sea porque adaptaron una casa para utilizar una parte de la misma como restaurante, o porque viven discretamente en la parte posterior de sus restaurantes, los cuales han sido ligeramente adaptados para albergar a la familia.

Y esto lo hacen con la única finalidad de ahorrar lo máximo posible y prosperar en poco tiempo.

Así que no te sientas decepcionado porque comenzarás utilizando tu cocina. Velo más bien como una oportunidad de crecer y avanzar en tus sueños. Ya habrá tiempo para abrir un negocio más formal.

Pero todavía no te he dado el consejo que recibí de los chinos y que deseo compartir contigo.

Si has ido a uno de estos negocios de comida china, te darás cuenta de que siempre están siendo administrados y operados por familias chinas. Y si alguna vez vuelves a ingresar y no vez una cara conocida, es porque los propietarios han salido de vacaciones. Sin embargo, quien administra en ese momento el negocio es otro chino, siempre un familiar de los propietarios.

Y sí, hay uno que otro empleado que no es chino. Pero son muy pocos en comparación de los chinos. Y casi nunca son más de dos, a menos que se trate de un restaurante altamente concurrido.

Esto es así por una razón, los chinos se emplean así mismos en familia, de modo que no tengan que contratar empleados.

Esposos, hermanos, padres, e incluso tíos y primos suelen trabajar dentro del negocio. Y solo emplean a dos o tres personas fuera de la familia para que les ayude a picar y a limpiar, las tareas más pesadas.

De esta manera se ahorran muchísimo dinero en empleados que, dicho sea de paso, representan los mayores gastos dentro de un negocio.

Y es que lo creas o no, el excesivo coste que representan los empleados puede hacer que tu negocio no prospere, por más ventas que tengas.

De hecho, un conocido mío abrió un restaurante en 2017. Aparentemente todo iba bien. Siempre tenía clientela. Su negocio nunca estaba vacío. Pero en menos de un año, su negocio cerró.

No tenía sentido alguno. Después de todo, vendía mucho todos los días. Sin embargo, cuando le pregunté por qué había cerrado, me dijo que si bien vendía mucho, su negocio no era nada redituable; ya que al tener que pagar a varios empleados, las cuentas simplemente no le salían. Así que antes de perderlo todo, decidió cerrar.

Y es que no importa si tienes o no ingresos, o si algunos días te va bien y en otros no tan bien. Igualmente, tendrás que pagarle a cada uno de tus empleados. Y todo eso se traduce en una fuga considerable de dinero.

La recomendación es simple. Si tienes familia que pueda ayudarte con las labores en cuanto a la preparación de tus platillos, mejor que así sea. Después de todo, será tu familia quien disfrute de los beneficios obtenidos por las ventas. Se trata de un autoempleo en conjunto. Y de esta manera, se ahorrarán muchísimo dinero que de otra manera se lo llevaría un empleado. Y eso significaría menos dinero para la familia.

HAY UN ÚLTIMO CONSEJO que me gustaría darte. Aunque voy a ser bastante precavido aquí. Después de todo, a veces funciona, otras veces mejor ni intentarlo.

No te preocupes, que te explicaré todo al respecto. Y te diré cuándo es buena idea y cuándo no.

Dejemos las cosas bien en claro. Si quieres abrir un restaurante, tendrás que invertir dinero. Y cuanto más grande y lujoso el restaurante, más dinero tendrás que invertir. Y este libro va de comenzar un negocio de comida sin invertir, ¿cierto?

En este caso, por el momento tendrás que comenzar vendiendo comida desde la comodidad de tu casa. Y ya te he hablado de casos de éxito con ese modelo de negocios. Si más adelante quieres adentrarte en aguas más profundas y abrir tu propio restaurante, enhorabuena. Pero de momento nos enfocaremos en hacer dinero sin invertir ni arriesgar nuestro capital.

Una vez entendido lo anterior, debes comprender que solo hay dos formas de proceder con la venta final.

La primera de ellas es darle tu dirección a cada uno de los clientes, a fin de que sean ellos mismos quienes vayan a buscar sus platillos.

La segunda es entregar los platillos directamente en la casa del cliente. Es decir, que haremos uso del servicio a domicilio. Y si bien esta suele ser una excelente opción, tiene sus pros y sus contras.

Una de las contras es que tendrás que contar con alguien que realice las entregas, ya sea una persona contratada para ese fin o alguien de tu familia. En cualquier caso, deberás tener en cuenta el costo del combustible y contar con algún tipo de seguro por si ocurriera algún siniestro.

Y hay algo que debo recalcar aquí: si vas a entregar varios pedidos a una hora en específico, esto se vuelve una tarea sumamente difícil, por no decir imposible.

Supongamos que vendes comida y que la mayor parte de tus clientes son oficinistas que tienen una hora para comer. Supongamos tienes que hacer por lo menos diez entregas en un mismo horario pero a diferentes direcciones.

Aquí el problema es que si una misma persona realiza las diez entregas, esa persona no podrá hacerlo al mismo tiempo. Y muchos clientes habrán esperado mucho por sus entregas. Y quizá cuando algunos de ellos reciban sus órdenes, su horario de comida ya habrá terminado.

La opción más lógica —aparentemente— es contratar más personal para la entrega. Pero como ya he comentado antes, cuantos más salarios tengas que pagar, menores serán tus ingresos. Es por ello que la mayoría de restaurantes chinos —como los que usé de ejemplo anteriormente— no suelen ofrecer el servicio a domicilio.

Ellos saben que si comienzan a ofrecer servicio a domicilio a sus clientes, no podrán abastecer la demanda con un solo repartidor. Tendrán que contratar cada vez más personal. Y esto, sumado a sus ya bajos precios, disminuirá sus ganancias finales.

El servicio a domicilio funciona en negocios de comida en los que la mayoría de los clientes no precisamente ordenarán al mismo tiempo.

Yo, por ejemplo, ofrezco servicio a domicilio los fines de semana en un negocio paralelo que tengo, en el que solo vendo alitas de pollo. En ese negocio, mis clientes no están presionados por un horario de comida, sino que ordenan cuando a ellos se les antoja comer alitas de pollo. Y al no estar presionados por un horario en concreto, no tengo saturación de órdenes en un momento determinado de la tarde. Y en caso de que se me acumulen muchos pedidos en una misma hora, puedo decirle a los clientes que estoy algo saturado y que el pedido demorará un poco.

La mayoría acepta porque no están obligados a comer en un horario determinado. Y así, yo puedo seguir ofreciendo servicio a domicilio sin tener que contratar más y más personal.

Lo mismo aplica si vendes cualquier tipo de alimento no esencial.

En este momento, uno de mis hijos vende donas glaseadas. Al no haber en la ciudad ninguna sucursal de Krispy-Kreme o Dunkin' Donuts, aprovechó para vender donas de varios tipos. Todas sobre pedido, de manera que las ventas estén garantizadas antes de que él comience a prepararlas.

Y todas las entregas se hacen a domicilio. Ya que una vez empaquetadas, mi hijo toma el auto y traza su ruta para entregar cada orden, una por una.

Como los clientes solo están esperando sus donas mas no están oprimidos por un horario estricto para comerlas, puede quedarse en casa cómodamente a esperar que sus donas lleguen dentro de un horario abierto.

Sin embargo, si lo que quieres es vender comida para aprovechar que muchas personas no pueden cocinar en sus casas por motivos laborales, el servicio a domicilio solo funciona de una forma.

Y si has puesto atención a lo largo de este libro, ya sabrás cómo es.

Como te comenté en capítulos anteriores. Una de las estrategias que utilicé —y que te recomiendo encarecidamente poner en práctica— es vender varios platillos dentro del personal de una misma empresa. Y para ello, si puedes conseguir quien venda tus platillos por ti, como ya te enseñe en capítulos anteriores, mucho que mejor.

De esta manera, la persona quien entregue —que bien podrías ser tú mismo— solo tendría que conducir a una sola locación. Y una vez estando ahí, las personas podrán recibir sus alimentos en el mismo sitio.

Se trata de un tipo de servicio a domicilio en el que todos tus clientes están en el mismo lugar.

Y si no tienes un vehículo, te recomiendo repasar los capítulos anteriores para que vuelvas a leer qué hice para poder realizar más entregas en una locación diferente al mismo tiempo y cómo tú mismo puedes hacerlo.

TODOS LOS CONSEJOS que te he dado me fueron dados a mí en algún momento. Y estoy completamente agradecido con todas aquellas personas que los compartieron conmigo. Ya que estoy seguro de que sin esos valiosos consejos, mi primer negocio quizá no hubiese tenido el éxito que tuvo.

Al día de hoy no he vuelto a buscar empleo en otra empresa, porque todo mi tiempo lo dedico a mis emprendimientos.

Y estoy convencido de que sin esos valiosos consejos, los mismos que ahora estoy compartiendo contigo a lo largo de este libro, en este momento no podría decir con orgullo que me ha ido tan bien.

Espero que tú también puedas poner en práctica todos y cada uno de los consejos que te he compartido. Y antes de finalizar, me gustaría compartir contigo cuáles son, en mi experiencia, aquellos modelos de negocios culinarios que ofrecen más posibilidades de hacer dinero.

Haciendo dinero con la comida

Hasta ahora, creo que ya te he dado todos los consejos que necesitas para comenzar con tu primer negocio de comida sin invertir ni arriesgar tu capital.

Sé que el negocio ideal es tener un negocio físico, un restaurante. Pero como ya he mencionado en varias ocasiones, este primer negocio que emprenderás será la primera piedra, por así decirlo.

Este negocio —un tanto informal, si lo quieres ver así— te será de gran ayuda para, en un futuro, poder financiar un negocio más formal.

Lo bueno de este modelo de negocio que te estoy proponiendo, es que puedes ganar dinero sin el temor a perderlo todo. Y es que al final, si estás leyendo este libro es porque supongo que no tienes ningún tipo de experiencia y te da miedo invertir dinero y no recuperar siquiera la cantidad de dinero invertido.

Y es que, además, no solamente venderás comida y ya, simplemente esperando lo mejor, sino que te he dado varios consejos que te ayudarán a proyectar tus ventas a niveles que aquellos que solo se dedican a vender entre sus amistades, no pueden ni imaginar. Y es ahí en donde está la diferencia.

Porque si bien estarás vendiendo comida preparada desde tu casa, a un nivel casero, tus ventas serán similares a las que tendrías si tuvieras un local en el que acuden muchas personas a comer ahí todos los días.

Pero llegando a este punto, es posible que te estés preguntando qué es lo que deberías vender. Sí, vender comida es una buena estrategia. Pero también es posible que no tengas ni idea de qué vender.

Al final, se trata de lo que tú mismo creas que será más conveniente para ti. Y lo mejor que puedes hacer para determinar eso es preguntarte qué es lo que la gente necesita.

Como ya he mencionado antes, una de las mejores estrategias que puedes tener es enfocar tu negocio en ofrecer comida a los oficinistas. Después de todo, al tener un horario bastante ajustado, no tienen tiempo ni siquiera para conducir a un lugar retirado a comer. Y lo que ellos suelen buscar es aquello que se asemeje más al tipo de comida que ellos mismos podrían preparar si tuvieran el tiempo para hacerlo. Básicamente, algún tipo de comida casera. Ya que esta suele ser bastante rendidora y económica de preparar.

Bueno, sin más, aquí te dejaré algunas ideas que podrías considerar.

No estoy diciendo que tengas que empezar tu negocio con algunas de estas opciones. Solo te comparto cuáles son algunas de las ideas que utilicé yo mismo para comenzar mis negocios gastronómicos.

Eso me funcionó a mí porque había un mercado para ello. Y si bien puede que te funcione a ti también, igualmente es posible que ese no sea el caso. Aunque las opciones que te daré suelen ser bastante solicitadas.

Las opciones que te voy a dar funcionan porque además de ser bastante demandadas, la elaboración de estos productos es bastante económica. Y puedes sacar mucho dinero con la venta.

Pero te lo vuelvo a repetir una vez más. Estas son solo sugerencias. Puedes intentar con ellas y ver qué funciona para ti y qué no.

COMIDA DE TIPO CASERO

Platillos como arroz con pollo, sopas de pollo con verduras, fajitas de pollo, sopas de carne con verduras, guisados de cerdo o res con verduras, salteados de carne con verduras, y otros platillos similares, son una excelente opción por dos motivos.

El primero de ellos es que su preparación es bastante económica y muy rendidora. Y el segundo motivo es que las personas suelen tener cierta preferencia por este tipo de comidas cuando se ven en la necesidad de comer fuera todos los días.

Comer una hamburguesa con papas fritas, alguna pasta, pollo frito, o algún tipo de sándwich parecen ser buenas opciones cuando se hace de manera casual. Pero cuando tenemos la necesidad de comer fuera prácticamente todos los días —o al menos cinco días a la semana— tendemos a tomar un poco de conciencia sobre nuestra salud. Y es ahí en donde la comida de apariencia más casera es más apetecible.

A primera vista, la comida casera se ve más saludable y más abundante. Esto hace que las personas se sientan mejor acerca de su salud y sus bolsillos. Tal vez esa comida sea más saludable para ellos, o puede que ese no sea el caso y todo se trate de una mera percepción. Pero los clientes se sentirán mucho mejor comprando este tipo de comidas antes que una hamburguesa con papas fritas.

Y hablando desde mi propia experiencia, este tipo de comidas suelen venderse muy bien entre los oficinistas y asalariados. Ya que estos no solo suelen comprar este tipo de comidas para sí mismos, sino que muchos de ellos —principalmente amas de casa— suelen comprar porciones adicionales para sus familias.

Después de todo, se trata de platillos sanos que se asemejan más a los que ellos mismos podrían preparar en casa si tuvieran el tiempo para hacerlo.

COMIDA CHINA

Lo sé. La comida china parece intimidante a primera vista. Se ve tan compleja y difícil de preparar. Pero en realidad es muy fácil si la llegas a dominar.

La incluyo en este apartado porque al ser una opción alta en vegetales se convierte en una opción económica y rendidoras. No por nada los chinos suelen tener bastante éxito con sus negocios de comida china.

Sin embargo, debo hacer una aclaración.

Si bien incluyo la comida china como una buena opción de ventas en este capítulo —que a mí me ha resultado muy bien, por cierto— lo cierto es que si no tienes experiencia cocinando comida china, es mejor pasar de ella.

Preparar comida china es más fácil de lo que parece, especialmente el tipo de platillos que encontramos con más frecuencia en las cadenas de comida rápida china. Pero debo aclarar que si no estás familiarizado con las salsas y las especias de la comida china, podrías arruinar un platillo con bastante facilidad.

Cuando preparamos comida china es muy fácil hacer que un buen platillo termine salado si no tenemos experiencia con el uso de las salsas chinas. Y si bien la cocina china hace uso del azúcar para balancear el sabor salado, al no tener mucha experiencia nos puede quedar un platillo bastante dulce que no muchos encontrarán de su agrado.

Si tienes experiencia cocinando comida china, es una buena opción para incluir en tus menús, mas no debería ser lo único que ofrezcas.

Como he mencionado antes, lo ideal es que ofrezcas al menos dos tipos de platillos en tu menú diario. Una de esas opciones puede ser de comida china y la otra no.

Y es que la comida china, además de ser deliciosa y económica de preparar, suele verse como una opción saludable por la gran cantidad de vegetales que lleva. Así mismo, la comida china suele verse como algo exótico y hasta elegante en algunos casos. Por lo que si cuentas con experiencia preparando este tipo de comida, te sugiero incluirla en tu menú.

COMIDA SALUDABLE

Ya he hablado de esto en otros capítulos. La comida saludable —aquella que es abundante en vegetales y un tanto más moderada en proteínas, principalmente pollo— suele ser bastante demandada hoy en día.

Vivimos en una época en el que las personas buscan opciones saludables para su alimentación. Y debido al extenso uso de las redes sociales, las personas son cada vez más consientes de la imagen que proyectan al mundo.

Esto se da principalmente entre mujeres, no tanto en hombres. Sin embargo, al ser las mujeres una buena porción de tu clientela —muchas veces incluso son el público mayoritario— te conviene ofrecer algún tipo de opción más saludable o light.

Al ser este tipo de comidas abundantes en vegetales, los costos de producción suelen reducirse, lo que finalmente se traduce en más dinero para ti. Ya que al vender un platillo al mismo precio que de costumbre, aun habiendo gastado mucho menos en su elaboración, estaría entrando más dinero a tu bolsillo.

Los vegetales son mucho más económicos que cualquier tipo de proteína, sea esta carne de res, cerdo, pollo, o pescado.

También es posible que quieras ofrecer opciones veganas dentro de tu menú. Pero te advierto que ese es un nicho bastante específico. Por lo que es mejor que ofrezcas opciones light o más saludables que sean del gusto de un grupo más grande de personas.

Como te mencioné antes, suelen ser las mujeres quienes más solicitan este tipo de platillos; ya sea porque están más preocupadas por su salud o simplemente porque les preocupa más su peso que a los hombres.

En cualquier caso, lo que te recomiendo que hagas —lo que a mí me funcionó siempre— es que ofrezcas dos tipos de platillos en tu menú. Uno de ellos será un platillo que sea atractivo para cualquier persona. Y el otro será una opción light, una opción más saludable para aquellas personas que quieran cuidar su salud o su figura.

De esta manera te aseguras de cubrir las necesidades alimentarias de un mayor grupo de personas, con lo que estarás aumentando tus posibilidades de ventas.

En cuanto a comida saludable, te dejo un último consejo. No ofrezcas ensaladas, a menos que veas que son muchas las personas las que te preguntan cuándo comenzarás a venderlas.

La razón es muy sencilla. En primer lugar, no son muchas las personas que gustan de comer ensaladas. Y es que muchas personas, no solo no gustan de las ensaladas, sino que además son vistas como un acompañante más que un plato fuerte.

Además, al ser digeridas con bastante rapidez, comer ensaladas te deja con una sensación de hambre después de un par de horas. Y para alguien que debe seguir con su jornada laboral, esto resulta ser un problema.

Y a todo esto hay que sumarle un problema más. Y es que una vez lavadas y desinfectadas, las hojas comúnmente utilizadas en la elaboración de ensaladas comienza a oxidarse. Y peor aún. Una vez agregado el aderezo, las hojas de la ensalada no solo comienzan a oxidarse, sino que pierden su textura, lo que causa una muy mala imagen para el comensal.

Es mejor prescindir de ellas.

ALITAS DE POLLO

Esta opción obviamente es un nicho bastante específico y para nada es una recomendación para vender durante la semana laboral... al menos no para el público al que estarás apuntando. Pero es sorprendente lo bien que se vende este producto durante los fines de semana.

A día de hoy suelo vender alitas de pollo —solo a domicilio— los días viernes, sábados, y domingos por las tardes y hasta las diez de la noche. Y he de decir que si bien podría disfrutar más de mis fines de semana, la cantidad de ventas es tal que representa una excelente fuente de dinero para mí.

Se trata de un producto muy barato —sobre todo si consigues las piezas de pollo directamente de un productor local y a mayoreo— por el que la gente está dispuesta a pagar precios bastante altos en comparación con su valor real.

Además, es un producto bastante fácil de preparar, ya que el proceso de elaboración es exactamente el mismo para cualquier orden. La única diferencia entre cada orden es el tipo de salsa con la que se bañan las alitas. Pero el proceso de elaboración en la cocina es el mismo.

Yo suelo ofrecer diez tipos de alitas diferentes. Pero como dije antes, lo único que hace diferentes a cada una de esas órdenes es la salsa en la que se bañan las alitas fritas.

De esta manera, el proceso de elaboración es constante y sencillo de operar. Y mientras una persona cocina las alitas, otra persona despacha las órdenes según la salsa que ha solicitado el cliente.

No sé si tu experiencia pueda ser similar., pero en donde vivo, las personas suelen pedir alitas o pizzas a domicilio para cenar los fines de semana o para pasar el rato con sus amigos. Sobre todo entre las generaciones más jóvenes, quienes suelen reunirse con frecuencia.

Y si bien hay otras opciones para ordenar alitas de pollo a domicilio en donde yo vivo, lo cierto es que son mucho más caras. Y no son más caras porque la calidad sea superior, sino porque se trata de franquicias conocidas. Y al ordenar desde ese tipo de restaurantes, en realidad lo que estás pagando es por nombre de la marca y porque dicho restaurante tiene que cubrir sus gastos de operación.

En mi caso, al mantener gastos bajos de operación, puedo darme el lujo de mantener precios bajos, mientras sigo manteniendo una buena fuente de ingresos de esa manera.

Como no tengo que pagar a varios empleados, renta de un local, factura de luz de tipo comercial, y demás gastos que sí tiene un local comercial, yo puedo mantener los precios un poco más bajos que el resto... sin que ello signifique reducir mis ingresos. De hecho, es todo lo contrario.

DONAS

Hace unos cuantos años estuvo muy de moda vender cupcakes, sobre todo entre los adolescentes que querían hacer algo de dinero durante los fines de semana.

Pero como ya te imaginarás, sus márgenes de ganancias no eran suficientemente altos como para decir que habían montado un negocio exitoso.

Y es que el proceso de elaboración de cupcakes, además de ser algo complejo, puede llegar a ser un tanto costoso, lo que hace que nuestro margen de ganancias sea escaso.

Y no solo eso, sino que a esto hay que sumarle que si bien parecía haber una «fiebre de cupcakes» en ese momento, por así decirlo, lo cierto es que en realidad ese interés era solo curiosidad. Ya que muchas personas no gustaban realmente de los cupcakes, solo les llamaba la atención aquella novedad.

El negocio de la venta de pan a domicilio realmente no deja mucha ganancia.

Sí, el pan es barato de producir. Es cierto. Pero también es cierto que no puedes vender muy caro el pan. Especialmente cuando las personas pueden acudir a una panadería a comprar pan recién horneado y a un mejor precio.

Es más, hoy en día son muchos los supermercados que cuentan con su propia panadería, produciendo ellos mismos pan recién horneado a lo largo del día.

Sin embargo, sí hay un tipo de pan dulce que suele venderse bastante bien: las donas.

No es de extrañar que empresas como Krispy-Kreme o Dunkin' Donuts hayan construido enormes imperios vendiendo este producto.

Y es que las donas son fáciles y muy económicas de hacer. Y el margen de ganancia suele ser bastante alto. De hecho, con un kilo de harina, fácilmente puedes producir hasta veinticinco donas.

Y si a esto le sumamos que Krispy-Kreme o Dunkin' Donuts no tienen sucursales en muchos lugares, podrías aprovechar ese nicho que aún falta por llenar.

Como he mencionado en otros capítulos, aquí en donde vivo no tenemos ninguna sucursal ni de Krispy-Kreme ni de Dunkin' Donuts. Y de hecho, no existe ninguna tienda especializada en donas.

Cuando mi hijo vio que sus compañeros de clase se volvían locos cuando alguien había llevado donas de Krispy-Kreme —compradas en otro estado— para vender en la escuela, y que estas se agotaban a los pocos minutos, tuvo la idea de comenzar a vender donas los fines de semana entre sus amigos.

Se compró un recetario de donas en el que además de la receta de la masa, venían diversos tipos de glaseado. Y fue así como comenzó a ofrecer a domicilio y por encargo sus donas por docenas y medias docenas; ofreciendo tanto donas glaseadas como donas de «especialidad».

Incluso ha ido más allá durante las diferentes festividades anuales, ofreciendo donas especiales de acuerdo a la temporada. Con relleno de chocolate y glaseado de fresas durante el mes de San Valentín, con relleno y glaseado de calabaza durante octubre, con relleno de chocolate y glaseado de menta durante la temporada navideña; y cada cierto tiempo saca algún tipo de dona especial por tiempo limitado.

Si no hay ninguna sucursal de Krispy-Kreme o Dunkin' Donuts en el lugar en el que vives, y ves que las personas a tu alrededor realmente gustan de dichas marcas, es una buena opción que puedes intentar tú también.

Por supuesto —a pesar de que hacer donas suele ser mucho más sencillo que cualquier otro tipo de pastelería— hacer donas tiene su grado de complejidad. Y conviene practicar un poco antes de emprender en ese tipo de negocios.

Solo te dejo la sugerencia porque he visto el potencial que tiene. Tan es así, que mi hijo está pensando abrir una tienda física en la que pueda vender tanto donas como café y otras bebidas, algo así como su propio Krispy-Kreme o un Dunkin' Donuts, solo que con su marca personal.

HAMBURGUESAS Y HOT-dogs

He dejado esta sugerencia hasta el final por dos razones. La primera es que estas opciones suelen funcionar mejor como cenas. Aunque esto no siempre es así, si no, mejor preguntarle a McDonald's. Sin embargo, es justo por la segunda razón por la que creo que te funcionaría mejor durante la noche. Y es que este tipo de negocios, si bien pueden efectuarse mediante servicio a domicilio, la mayoría de las veces se requerirá de un lugar al que los clientes puedan acudir a comer sus alimentos ahí mismo.

En muchos lugares la cena es una comida un poco más social. Y es que al no tener el pendiente de llegar pronto al trabajo o a la escuela, o de tener que regresar a trabajar, la cena suele ser una comida un tanto más relajada, lo que brinda una oportunidad perfecta para pasarla en pareja, con la familia, o con los amigos. Es por ello que muchas personas preferirán acudir a cenar a un lugar antes que ordenar a domicilio.

Y si bien es cierto que en el caso de las pizzas la demanda del servicio a domicilio suele ser alta, no lo es tanto en el caso de las hamburguesas y los hot-dogs.

Sin embargo, si dispones de un espacio dentro de tu domicilio, como puede ser un jardín frontal o una cochera abierta, así como alguna parrilla y algunas mesas, podrías intentar con este tipo de negocios.

Personalmente, yo no tengo experiencia con este rubro. Pero un amigo mío sí.

Antes de la pandemia, un amigo mío decidió vender hamburguesas en el jardín de su casa durante los fines de semana.

La casa de mi amigo tiene un jardín al frente de su casa. Como ya contaba con una parrilla de carbón, solo necesitó conseguir unas cuantas mesas de plástico.

Me comentó que todo resultaba ser muy fácil porque en realidad, él no preparaba la carne de las hamburguesas, sino que compraba los paquetes de carne para hamburguesa —de buena calidad, eso sí— en cadenas de venta de carne al por mayor.

De esta manera, él solo cocinaba las carnes congeladas en la parrilla y montaba las hamburguesas; al mismo tiempo que su esposa preparaba las papas fritas que se servirían en cada orden.

En una ocasión probé sus hamburguesas. Y debo decir que si él no me confiesa que en realidad compraba las carnes ya listas, jamás lo habría adivinado. Y es que, como dije, se trataba de hamburguesas de calidad, hechas con carne tipo Angus; no se trataba de hamburguesas baratas y de mala calidad. Y la verdad es que eran deliciosas.

Así que si cuentas con espacio suficiente en tu casa, es un modelo de negocios que te recomendaría al menos considerar.

Y si bien este será un negocio que operarías desde tu propia casa, te recomendaría investigar si necesitarás algún tipo de permiso para operar tu negocio.

Es mejor siempre hacer las cosas como se deben para evitar futuros problemas.

LAS OPCIONES QUE TE he dado en este capítulo son excelentes opciones que, basado en mi experiencia, suelen ofrecer muy buenos resultados. Pero no está de más decir que son solo eso, opciones.

No tienes que encasillarte en ese tipo de negocios si no deseas hacerlo, si crees que no se te da, o si tienes alguna otra idea en la que te gustaría incursionar.

Yo solo te doy las opciones que sé que funcionan, esperando que tú también puedas replicarlas con éxito. Y definitivamente, si crees que puedes emprender en cualquiera de las opciones que he mencionado a lo largo de este libro, te sorprenderás al ver lo rentables que pueden llegar a ser.

Requerirá algo de trabajo, es cierto. Pero la sensación de tener tu propio negocio —sin apenas invertir dinero— es muy satisfactoria.

El simple hecho de comenzar a ganar dinero con tu propio negocio, observando cómo se multiplican tus ingresos, producto de tu emprendimiento, es una sensación bastante satisfactoria que te hace pensar que los límites no existen. Y cuanto más dinero vas ganando de esa manera, mayores serán tus deseos de expandir tu negocio, abrir una sucursal física, o emprender en nuevos negocios paralelos a los que has creado.

Ahora te toca a ti

Te he dado hasta ahora todos los consejos que podría darte para que inicies tu propio negocio de comida sin tener que arriesgar tu dinero.

Te he explicado cada paso que utilicé para iniciar con mi pequeño emprendimiento durante los meses de la pandemia del 2020.

Y si recuerdas, aquellos meses fueron pura incertidumbre. La gente era bastante recia a comprar comida en la calle o de otras personas por el miedo a los contagios. Y aun así, —siguiendo por supuesto todas las normas de higiene— logré, no solo sacar ese proyecto adelante, sino que además obtuve la experiencia necesaria para aventurarme a emprender en otros negocios, llegando el momento en el que incluso quise formalizar más las cosas, abriendo restaurantes y manteniendo los negocios que ya tenía.

Si logré hacer eso durante los duros meses de pandemia, en los que, repito, la gente era bastante recia a comprar comida de otras personas, imagina lo que podrías llegar a hacer tú ahora que hemos superado tan horrible y angustiosa situación.

Te garantizo que si sigues cada uno de los consejos que te he dado, tú también podrás salir adelante con tu primer negocio de comida. Y quizá —tal y como yo finalmente lo hice— algún día decidas que te estás quedando corto y quieras emprender en un negocio más formal, más grande, y por qué no, más rentable.

Es posible que pienses que estos consejos me sirvieron a mí, pero que quizá a ti no te sirvan en absoluto. Es posible que creas que lo que me ocurrió a mí solo fue cuestión de un golpe de suerte. Pero permite decirte algo. Si lo que me ocurrió a mí fue solo suerte, ¿cómo explicas que las personas que han aplicado los mismos consejos que te he dado estén ganando dinero en estos momentos con sus propios negocios?

Varios de mis conocidos perdieron sus trabajos durante la pandemia, y si bien vivieron cómodamente durante la pandemia, no se han podido volver a incorporar al mercado laboral. Y al no poder reincorporarse, han decidido emprender en algo. Y uno de los negocios más rentables y menos riesgosos es el negocio de la comida. Y sabiendo que pude salir adelante por mis propios medios con un negocio de comida, muchos de ellos me preguntaron cómo lo hice.

Y como nunca he dudado en compartir mi éxito, pues considero que hay un enorme mundo de posibilidades para todos allá afuera, son muchos los que ahora están experimentando ese mismo éxito siguiendo la fórmula que te he explicado hasta ahora.

De hecho, para ser totalmente honesto contigo, la idea de escribir este libro no vino de mí, sino de un amigo al que le expliqué lo que aquí te explico ahora. Y fue él, después de ver con sus propios ojos que esta fórmula sí funciona, quien me sugirió escribir un libro para compartirlo con todas aquellas personas que quieran emprender en un negocio de comida, pero que tienen miedo de perder toda su inversión, o que simplemente no sepan por dónde empezar.

En otras palabras, si este libro llegó a tus manos es porque una persona que ya ha comprobado este método me sugirió escribirlo y publicarlo para que tú también puedas comenzar de a poco, pero seguro.

Ahora todo depende de ti. Las herramientas ya las tienes. Emprender es una tarea que en este momento solo depende de si tienes o no la voluntad de hacerlo.

¿Qué pasa si invierto y no lo recupero?

¿Qué pasa si mi negocio no funciona?

¿Qué pasa si no llegan los clientes?

¿Qué pasa si me endeudo y no puedo pagar mis deudas?

¿Qué pasa si adquiero compromisos que después no podré cumplir?

¿Qué pasa si pido un crédito que más tarde no podré pagar?

¿Cómo puedo hacerlo si no tengo experiencia?

¿De dónde voy a conseguir a los clientes?

¿Cómo le hago para que la gente se entere de que tengo un negocio de comida?

Todas esas preguntas que antes te atormentaban no eran más que pretextos y limitaciones que tú mismo te imponías.

Ahora ya no tienes pretexto alguno que valga.

Te he dado todos los consejos que necesitas para abrir tu primer negocio gastronómico sin tener que arriesgar tu dinero. Básicamente, te he indicado en dónde está la mina, solo te falta tomar la pala y comenzar a excavar ahí donde te dije.

Y es que no solo te he indicado paso a paso lo que tienes que hacer, sino que además te he mencionado cuáles son algunos de los modelos de negocios en los que podrías incursionar.

No solo te dije dónde estaba la mina, sino que además te he indicado en dónde podrías comenzar a cavar.

Así que si en este momento buscas algún «pero» para no dar el siguiente paso, es porque tú mismo eres el problema que no te permite avanzar.

No te estoy diciendo que comiences en este mismo instante. Ni siquiera te estoy diciendo que comiences mañana mismo. Puedes tomarte un corto tiempo para pensarlo. Para pensar qué es lo que más te conviene vender, para diseñar tu menú, para buscar a aquellas personas que te ayudarán a promocionar tu negocio... Pero considera que cada día que pasa comenzará a desvanecerse en ti ese deseo de triunfar, hasta llegar el momento en el que simplemente olvidarás lo que aquí has leído y continuarás tu vida como si nada, sin siquiera haberlo intentado.

Si es necesario, vuelve a leer este libro tantas veces como creas necesario, a fin de que entiendas por completo todo lo que te he explicado.

Este libro va a ser bastante corto por tres importantes razones:

1. No quiero llenar el libro de páginas con palabras y frases innecesarias que solo servirán para engrosar inútilmente su contenido, sino que quiero que entiendas todo a la perfección, sin aburrirte en el proceso.

2. Quiero mantener el libro corto para así poder ofrecerlo lo más barato posible, tanto en su versión digital como en su versión física. No quiero ser como esos autores que escriben cientos de páginas únicamente para poder cobrar más por cada copia vendida.

3. Quiero que leas este libro cuantas veces creas necesario, sin tener que preocuparte por la longitud del mismo. Como ya he dicho, quiero que entiendas absolutamente todo para que no falles en el proceso.

ESO SERÍA TODO. NO tengo nada más que decirte. Espero que no busques más pretextos y que te des al menos la oportunidad de intentarlo.

Como ya lo he dicho en bastantes oportunidades, la idea de este libro es que comiences tu propio negocio de comida sin invertir. Así que si lo piensas detenidamente, no tendrías —literalmente— nada que perder.

Así que no pierdes nada con intentarlo. Y te aseguro que con dedicación y constancia —y sobre todo, si realmente deseas dedicarte a esto a tiempo completo— más pronto que tarde sentirás que te estás quedando bastante corto y que necesitas comenzar a operar un restaurante físico en el que puedas ofrecer comida a más gente aún. Y por qué no, ganar todavía más dinero.

Sobre el Autor

———

Después de haber trabajado durante seis años en la misma empresa, Carlos Rossi perdió su empleo debido a los recortes propiciados por los confinamientos establecidos en 2020 durante la pandemia del Covid-19.

A raíz de lo ocurrido, Rossi decide emprender en su primer negocio gastronómico con el único objetivo de recaudar lo suficiente para poder mantener a su familia hasta encontrar un nuevo empleo.

Después de su éxito inmediato, replicó las mismas técnicas en otros proyectos paralelos. Todos con el mismo éxito.

Carlos ha decidido no volver a incorporarse en el mundo laboral debido a que él y su familia poseen actualmente varios negocios gastronómicos, cuyas retribuciones son superiores a su salario como oficinista.

Actualmente, Carlos se dedica de lleno a administrar sus negocios. Y en sus ratos libres escribe libros para ayudar a otras personas que, al igual que él, quieran incursionar en el mundo de los negocios culinarios.